The Art of Gelato in Rome: Bilingual Italian-English Short Stories for Italian Language Learners

Coledown Bilingual Books

Published by Coledown Bilingual Books, 2023.

While every precaution has been taken in the preparation of this book, the publisher assumes no responsibility for errors or omissions, or for damages resulting from the use of the information contained herein.

THE ART OF GELATO IN ROME: BILINGUAL ITALIAN-ENGLISH SHORT STORIES FOR ITALIAN LANGUAGE LEARNERS

First edition. October 18, 2023.

ISBN: 979-8223987703

Written by Coledown Bilingual Books.

Table of Contents

Il Mistero dei Fiori Scomparsi

C'era una volta un tranquillo villaggio italiano nascosto tra le colline, noto per i suoi fiori spettacolari e il suo ritmo lento. Questo era il luogo in cui viveva il gentile professor Giuseppe Rossi, un uomo di mezza età con un amore profondo per la botanica. Il professor Rossi era noto in tutto il paese per i suoi meravigliosi giardini fioriti, che erano un'attrazione per i visitatori provenienti da ogni parte dell'Italia.

Un giorno, mentre il professor Rossi passeggiava nei suoi giardini, si accorse che alcune delle sue preziose orchidee erano misteriosamente scomparse. Questo non poteva essere una coincidenza, poiché le orchidee erano la sua passione segreta e aveva dedicato anni per coltivarle con cura. La perdita delle orchidee lo colpì profondamente.

Decise di indagare personalmente su questo mistero. Era un uomo tranquillo, ma la sua curiosità lo spingeva a scoprire la verità. Iniziò a fare domande in giro per il villaggio e a cercare indizi tra i suoi amati fiori. Mentre si addentrava nell'indagine, il professor Rossi si rese conto che il suo villaggio, che credeva così pacifico, nascondeva segreti e misteri sorprendenti.

Le sue indagini lo portarono a conoscere una serie di personaggi affascinanti: un giovane fioraio appassionato di poesia, una coppia di anziani contadini con saggezza e segreti di famiglia, e un veterinario misterioso con un passato enigmatico. Ognuno di loro sembrava avere un motivo per nascondere qualcosa, ma il professor Rossi non si arrese.

Mentre esplorava il mondo dei fiori, il professore si immerse anche nell'arte della comunicazione non verbale delle piante, sviluppando un legame unico con la natura circostante. Era affascinato da come i fiori potessero raccontare storie e svelare segreti nascosti.

Alla fine, il professor Rossi scoprì che le sue orchidee non erano state rubate per scopi malvagi, ma erano state spostate da un'anima gentile che voleva proteggerle dai danni di un prossimo temporale. Questa rivelazione lo riempì di gioia e lo spinse a condividere la bellezza dei suoi fiori con il mondo intero.

Il villaggio, unito dalla scoperta del professor Rossi, iniziò a organizzare festival dei fiori e a celebrare la natura in modi mai visti prima. La comunità si rafforzò e il mistero dei fiori scomparsi portò un nuovo spirito di condivisione e amore tra i suoi abitanti.

Il professor Rossi capì che la bellezza dei fiori non doveva essere celata, ma condivisa con tutti. La sua passione per la botanica, unita alla sua dedizione per il mistero, aveva portato a una nuova consapevolezza tra gli abitanti del villaggio. La storia del "Mistero dei Fiori Scomparsi" diventò leggendaria, e il professor Rossi continuò a coltivare il suo amore per i fiori, sapendo che aveva trovato un tesoro ancora più grande nel cuore delle persone che gli stavano intorno.

The Mystery of the Disappearing Flowers

Once upon a time, there was a quiet Italian village nestled among the hills, known for its spectacular flowers and leisurely pace. This was the place where the kind Professor Giuseppe Rossi lived, a middle-aged man with a deep love for botany. Professor Rossi was known throughout the country for his wonderful flower gardens, which attracted visitors from all over Italy.

One day, as Professor Rossi strolled through his gardens, he noticed that some of his precious orchids had mysteriously disappeared. This couldn't be a coincidence because orchids were his secret passion, and he had spent years carefully cultivating them. The loss of the orchids deeply affected him.

He decided to personally investigate this mystery. He was a quiet man, but his curiosity drove him to uncover the truth. He began to ask questions around the village and search for clues among his beloved flowers. As he delved into the investigation, Professor Rossi realized that his village, which he thought was so peaceful, concealed surprising secrets and mysteries.

His inquiries led him to meet a series of fascinating characters: a young florist passionate about poetry, an elderly couple of farmers with wisdom and family secrets, and a mysterious veterinarian with an enigmatic past. Each of them seemed to have a reason to hide something, but Professor Rossi did not give up.

While exploring the world of flowers, the professor also immersed himself in the art of non-verbal communication of plants, developing a unique bond with the surrounding nature. He was fascinated by how flowers could tell stories and reveal hidden secrets.

In the end, Professor Rossi discovered that his orchids had not been stolen for malicious purposes but had been moved by a kind soul who wanted to protect them from an impending storm. This revelation filled him with joy and inspired him to share the beauty of his flowers with the whole world.

The village, united by Professor Rossi's discovery, began organizing flower festivals and celebrating nature in ways never seen before. The community grew stronger, and the mystery of the disappearing flowers brought a new spirit of sharing and love among its residents.

Professor Rossi realized that the beauty of flowers should not be hidden but shared with everyone. His passion for botany, combined with his dedication to the mystery, had led to a new awareness among the villagers. The story of the "Mystery of the Disappearing Flowers" became legendary, and Professor Rossi continued to nurture his love for flowers, knowing that he had found an even greater treasure in the hearts of the people around him.

Il Viaggio Incantato di Filomena e il Libro dei Sogni

C'era una volta una bambina di nome Filomena, con capelli come fili d'oro e occhi scintillanti come stelle. La sua giornata preferita era il giovedì, quando il mercato del villaggio si riempiva di colori e profumi irresistibili. Ma il giovedì più speciale di tutti fu quello in cui Filomena scoprì il Libro dei Sogni.

Il mercato era in pieno fermento, con bancarelle piene di frutta succulenta e oggetti curiosi. Filomena si aggirava tra le bancarelle, osservando con occhi grandi e meravigliati. Fu allora che notò una piccola bancarella nascosta tra due alti scaffali. Su questa bancarella c'era un libro antico, dalle pagine ingiallite, dal titolo "Il Libro dei Sogni".

Il vecchio venditore sorrise a Filomena e disse: "Questo è un libro magico, piccola. Può portarti in mondi incantati mentre dormi." Filomena non poteva credere alle sue orecchie. Quel libro sembrava essere l'incarnazione dei suoi sogni più audaci.

Con i suoi risparmi, Filomena acquistò il libro e corse a casa, incapace di aspettare la notte. Quella notte, aprì il Libro dei Sogni e lesse le prime parole. Non appena chiuse gli occhi, fu trasportata in un mondo di meraviglie.

Nel suo primo sogno, Filomena volò tra le nuvole con un'enorme aquila dorata. Poi danzò con elfi incantati in una foresta fatata, e navigò su un fiume di cioccolato in una barca di caramelle. Ogni sogno era una nuova avventura e un nuovo incantesimo.

Ma i sogni non erano solo gioia e divertimento. Nel suo quinto sogno, Filomena si ritrovò in una città sommersa, dove aiutò i pesci a costruire case e scuole. In un altro sogno, aiutò gli uccelli a cantare canzoni di pace per un mondo che aveva bisogno di armonia.

Mentre viaggiava attraverso questi mondi fantastici, Filomena capì che i sogni potevano cambiare il mondo. Era una rivelazione potente. Ogni notte, leggeva una nuova pagina del suo Libro dei Sogni, sperando di scoprire un nuovo modo per rendere il mondo un posto migliore.

Un giorno, Filomena ebbe un sogno in cui incontrò il vecchio venditore del mercato. Egli le disse: "Hai imparato il potere dei sogni, mia cara. Ora è il momento di condividere questo dono con gli altri."

Così, Filomena decise di condividere il suo Libro dei Sogni con il mondo intero. Organizzò letture nei parchi e nelle piazze, invitando chiunque volesse a sognare insieme a lei. Le persone iniziarono a scoprire i loro sogni più profondi e a unirsi per realizzarli.

Il villaggio cambiò in meglio, e ogni giovedì al mercato si poteva sentire il suono delle risate e delle storie condivise. Filomena aveva trasformato il suo amore per i sogni in un'incredibile avventura condivisa. E così, il suo Libro dei Sogni divenne un libro aperto per il mondo intero, un invito a sognare insieme per creare un futuro migliore.

Filomena's Enchanted Journey and the Book of Dreams

Once upon a time, there was a little girl named Filomena, with hair like threads of gold and eyes that sparkled like stars. Her favorite day was Thursday when the village market was filled with irresistible colors and scents. But the most special Thursday of all was the one where Filomena discovered the Book of Dreams.

The market was bustling with activity, with stalls full of succulent fruits and curious objects. Filomena wandered among the stalls, observing with wide, wonder-filled eyes. That's when she noticed a small stall hidden between two tall shelves. On this stall, there was an old book, with yellowed pages, titled "The Book of Dreams."

The elderly seller smiled at Filomena and said, "This is a magical book, little one. It can take you to enchanted worlds while you sleep." Filomena couldn't believe her ears. That book seemed to be the embodiment of her wildest dreams.

Using her savings, Filomena purchased the book and rushed home, unable to wait for the night. That night, she opened the Book of Dreams and read the first words. As soon as she closed her eyes, she was transported to a world of wonders.

In her first dream, Filomena flew among the clouds with a giant golden eagle. She then danced with enchanted elves in a fairy forest and sailed on a river of chocolate in a boat made of candies. Each dream was a new adventure and a new enchantment.

But the dreams weren't just joy and fun. In her fifth dream, Filomena found herself in a submerged city, where she helped fish build houses and schools. In another dream, she helped birds sing songs of peace for a world in need of harmony.

As she traveled through these fantastic worlds, Filomena realized that dreams could change the world. It was a powerful revelation. Every night, she read a new page from her Book of Dreams, hoping to discover a new way to make the world a better place.

One day, Filomena had a dream in which she met the old market seller. He told her, "You've learned the power of dreams, my dear. Now it's time to share this gift with others."

So, Filomena decided to share her Book of Dreams with the whole world. She organized readings in parks and squares, inviting anyone who wanted to dream with her. People began to discover their deepest dreams and come together to make them come true.

The village changed for the better, and every Thursday at the market, the sound of laughter and shared stories filled the air. Filomena had turned her love for dreams into an incredible shared adventure. And so, her Book of Dreams became an open book for the whole world, an invitation to dream together to create a better future.

Il Segreto del Bosco Incantato

C'era una volta un piccolo villaggio circondato da una fitta foresta, il Bosco Incantato, così chiamato a causa delle storie e dei misteri che circondavano quei fitti alberi. Nel cuore di questo villaggio viveva un giovane e curioso ragazzo di nome Luca. Aveva i capelli neri come la notte e occhi scintillanti di entusiasmo.

Luca era sempre stato affascinato dal Bosco Incantato, ma le leggende sulle creature magiche e le stranezze che si dicevano si nascondessero tra gli alberi lo avevano sempre tenuto a debita distanza. Tuttavia, un giorno, mentre esplorava la periferia del bosco, trovò una vecchia mappa che sembrava mostrare la strada per un tesoro nascosto.

Con il suo fedele cane, un simpatico barboncino di nome Artù, Luca decise di seguire la mappa per scoprire cosa nascondeva il Bosco Incantato. Aveva un pizzico di coraggio, una buona dose di curiosità e il desiderio di dimostrare a tutti che le leggende non erano altro che storie.

La loro avventura iniziò in una fresca mattina d'estate, con i raggi del sole che si filtravano tra le fronde degli alberi. Camminarono lungo il sentiero indicato sulla mappa, costeggiando ruscelli chiari e ascoltando il canto degli uccelli. Presto si resero conto che il Bosco Incantato non era così spaventoso come le storie dicevano.

Mentre proseguivano, Luca e Artù trovarono una cascata nascosta, dove fiori colorati danzavano nell'aria come farfalle. C'era una leggenda che diceva che chi beveva l'acqua di questa cascata avrebbe avuto i propri desideri esauditi. Luca e Artù non esitarono a bere dall'acqua pura e fresca, facendo dei desideri segreti nel loro cuore.

Continuando il loro viaggio, raggiunsero un raduno di creature straordinarie. C'erano folletti che ridevano di gusto, unicorni che facevano ghirlande di fiori e fate che intrecciavano amuleti fortunati. Queste creature accoglienti raccontarono a Luca storie di amicizia e solidarietà, smentendo le vecchie leggende spaventose.

Nel cuore del Bosco Incantato, Luca e Artù scoprirono finalmente il tesoro nascosto. Non era un tesoro di ricchezze materiali, ma un tesoro di amicizia, avventura e nuove conoscenze. Avevano imparato che il Bosco Incantato non era un luogo di paura, ma un luogo di meraviglia e magia.

Luca decise di condividere le sue scoperte con il villaggio, mostrando loro che il Bosco Incantato non era da temere, ma da esplorare con il cuore aperto. Gli abitanti del villaggio iniziarono ad avventurarsi nel bosco, scoprendo il suo lato affascinante e condividendo il legame speciale che Luca e Artù avevano con il Bosco Incantato.

E così, il Bosco Incantato divenne un luogo di connessione, amicizia e avventure per tutti, dimostrando che spesso le leggende nascondono segreti straordinari che aspettano solo di essere scoperti. Luca aveva dimostrato che la vera magia si trova nella bellezza della natura e nella condivisione di esperienze speciali con gli altri.

11

The Secret of the Enchanted Forest

Once upon a time, there was a small village surrounded by a dense forest known as the Enchanted Forest, named so due to the stories and mysteries that surrounded those thick trees. In the heart of this village lived a young and curious boy named Luca. He had hair as black as night and eyes sparkling with enthusiasm.

Luca had always been fascinated by the Enchanted Forest, but the legends of magical creatures and peculiarities said to be hidden among the trees had always kept him at a safe distance. However, one day, while exploring the outskirts of the forest, he found an old map that seemed to show the way to a hidden treasure.

With his loyal dog, a friendly poodle named Arthur, Luca decided to follow the map to discover what the Enchanted Forest held. He had a pinch of courage, a good dose of curiosity, and the desire to prove to everyone that legends were nothing more than stories.

Their adventure began on a fresh summer morning, with the sun's rays filtering through the tree branches. They walked along the path indicated on the map, along clear streams, and listened to the birds' songs. Soon, they realized that the Enchanted Forest was not as frightening as the stories claimed.

As they continued, Luca and Arthur found a hidden waterfall, where colorful flowers danced in the air like butterflies. There was a legend that said that those who drank the water from this waterfall would have their wishes granted. Luca and Arthur didn't hesitate to drink from the pure, cool water, making secret wishes in their hearts.

Continuing their journey, they reached a gathering of extraordinary creatures. There were goblins who laughed heartily, unicorns weaving flower garlands, and fairies crafting lucky amulets. These welcoming creatures shared stories of friendship and solidarity with Luca, debunking the old scary legends.

In the heart of the Enchanted Forest, Luca and Arthur finally discovered the hidden treasure. It wasn't a treasure of material wealth but a treasure of friendship, adventure, and new knowledge. They had learned that the Enchanted Forest was not a place of fear but a place of wonder and magic.

Luca decided to share his discoveries with the village, showing them that the Enchanted Forest was not to be feared but explored with an open heart. The villagers began to venture into the forest, discovering its fascinating side and sharing the special bond that Luca and Arthur had with the Enchanted Forest.

And so, the Enchanted Forest became a place of connection, friendship, and adventures for everyone, proving that often legends hide extraordinary secrets waiting to be discovered. Luca had demonstrated that true magic lies in the beauty of nature and in sharing special experiences with others.

Il Caso delle Olive Scomparse

———

Era un caldo pomeriggio estivo a San Giulio, un tranquillo villaggio sulle rive del Lago Maggiore. Il sole splendeva alto nel cielo, e la vita procedeva al suo lento ritmo, come sempre. In questo scenario idilliaco viveva il gentile Signor Giovanni Bertoli, un uomo dai capelli grigi e occhi saggi che coltivava uliveti secolari che producevano l'olio d'oliva più pregiato della regione.

Il Signor Bertoli era noto per la sua passione per l'arte dell'olivicoltura e per l'olio d'oliva. Ogni anno, organizzava una festa dell'olio d'oliva nel suo giardino, dove i villaggi si riunivano per degustare le sue prelibatezze e assaporare l'olio d'oliva appena spremuto. Ma quella mattina, una scoperta sconcertante gettò un'ombra sulla festa imminente.

Mentre il Signor Bertoli si preparava per la raccolta delle olive, scoprì che un intero campo di ulivi era stato completamente spogliato delle sue preziose olive durante la notte. Era un evento senza precedenti e sconcertante, e l'intero villaggio era in subbuglio. Il Signor Bertoli, nonostante il suo solito atteggiamento tranquillo, non poteva fare a meno di sentirsi sconvolto.

Decise di indagare personalmente su questo mistero, mettendo in moto una serie di eventi che avrebbero svelato segreti nascosti tra gli ulivi e le vie del villaggio. Il Signor Bertoli iniziò a fare domande tra i suoi vicini e a scrutare tra le fronde degli ulivi alla ricerca di indizi. Mentre si addentrava nell'indagine, incontrò una serie di personaggi interessanti.

C'era la signora Rosetta, la ricercatrice di piante, con la sua vasta conoscenza sugli alberi e le erbe, e l'eccentrico pittore Giorgio, che passava le sue giornate a dipingere paesaggi ispirati dalla bellezza degli ulivi. C'era anche la giovane e promettente cuoca, Isabella, che aveva creato piatti esclusivi usando l'olio d'oliva del Signor Bertoli. Ognuno di loro sembrava avere un motivo per proteggere i loro segreti.

Mentre proseguiva nelle sue indagini, il Signor Bertoli fece una scoperta sorprendente: un'antica mappa nascosta tra gli oggetti di famiglia, che suggeriva l'esistenza di un tesoro sepolto sotto il campo di ulivi. Questa rivelazione lo spinse a scavare ancora più a fondo nella storia del villaggio e dei suoi abitanti.

Con l'aiuto dei suoi amici e della comunità, il Signor Bertoli riuscì a risolvere il mistero delle olive scomparse e a trovare il tesoro sepolto, che si rivelò essere una collezione di antiche ricette di cucina e di scritti sulla cultura dell'olivo. Questo tesoro non solo aveva un valore storico, ma avrebbe anche ispirato nuove creazioni culinarie per il futuro.

La festa dell'olio d'oliva si tenne come programmato, ma questa volta con una nuova dimensione di conoscenza e condivisione. Gli abitanti del villaggio si riunirono per festeggiare l'olio d'oliva e la ricchezza della loro comunità, dimostrando che anche in una piccola realtà come San Giulio, esistevano segreti e tesori pronti ad essere scoperti.

The Case of the Disappearing Olives

It was a hot summer afternoon in San Giulio, a quiet village on the shores of Lake Maggiore. The sun shone high in the sky, and life proceeded at its leisurely pace, as always. In this idyllic setting lived Mr. Giovanni Bertoli, a man with gray hair and wise eyes who cultivated centuries-old olive groves that produced the finest olive oil in the region.

Mr. Bertoli was known for his passion for the art of olive cultivation and olive oil. Every year, he organized an olive oil festival in his garden, where villagers gathered to taste his delicacies and savor freshly pressed olive oil. But that morning, a disturbing discovery cast a shadow over the upcoming celebration.

While Mr. Bertoli was preparing for the olive harvest, he found that an entire field of olive trees had been completely stripped of its precious olives overnight. It was an unprecedented and baffling event, and the entire village was in turmoil. Mr. Bertoli, despite his usual calm demeanor, couldn't help but feel shaken.

He decided to investigate this mystery personally, setting in motion a series of events that would reveal hidden secrets among the olive trees and the village's streets. Mr. Bertoli began to ask questions among his neighbors and to search among the olive branches for clues. As he delved into the investigation, he met a variety of interesting characters.

There was Mrs. Rosetta, the plant researcher, with her extensive knowledge of trees and herbs, and the eccentric painter Giorgio, who spent his days painting landscapes inspired by the beauty of the olive groves. There was also the young and promising cook, Isabella, who had created exclusive dishes using Mr. Bertoli's olive oil. Each of them seemed to have a reason to protect their secrets.

As he continued his investigations, Mr. Bertoli made a surprising discovery: an ancient map hidden among family heirlooms, suggesting the existence of a buried treasure beneath the olive grove. This revelation prompted him to delve even deeper into the history of the village and its inhabitants.

With the help of his friends and the community, Mr. Bertoli managed to solve the mystery of the disappearing olives and find the buried treasure, which turned out to be a collection of ancient cooking recipes and writings about olive culture. This treasure not only had historical value but would also inspire new culinary creations for the future.

The olive oil festival took place as planned, but this time with a new dimension of knowledge and sharing. The villagers came together to celebrate olive oil and the richness of their community, proving that even in a small place like San Giulio, there were secrets and treasures waiting to be discovered.

Il Mistero del Gatto Scomparso a Roma

Roma, la Città Eterna, era conosciuta per i suoi monumenti, la storia millenaria e la vivace atmosfera. Nel cuore di questa magnifica città viveva il Professor Carlo Bianchi, un uomo gentile e amante dei gatti. La sua giornata preferita era il sabato, quando passeggiava per le strade acciottolate di Roma, circondato dal calore del sole e dal brusio della città. Era lì che incontrava il suo amico peloso preferito, un gatto randagio chiamato Michelangelo.

Michelangelo era un gatto affettuoso con una pelliccia grigia argentea e occhi verdi che sembravano racchiudere i segreti di Roma stessa. Il Professor Bianchi aveva sviluppato una relazione speciale con il gatto nel corso degli anni, nutrendolo e chiacchierando con lui durante le sue passeggiate settimanali. Michelangelo sembrava apprezzare la compagnia e la gentilezza del professor Bianchi.

Un sabato mattina, il professor Bianchi notò che Michelangelo non era al suo solito posto. Era preoccupato, temendo che il suo amico felino potesse essere in pericolo. Iniziò a cercare Michelangelo per tutto il quartiere, chiedendo ai passanti se avessero visto il gatto. Nessuno aveva notizie del suo amico peloso.

Il professor Bianchi decise di iniziare un'indagine personale per scoprire cosa fosse accaduto a Michelangelo. Si fece strada attraverso il quartiere, interrogando i negozianti e i residenti, cercando indizi che potessero condurlo alla verità sulla scomparsa del suo amico. Era determinato a riportare Michelangelo a casa sano e salvo.

Mentre raccoglieva indizi, il professor Bianchi scoprì che Michelangelo era conosciuto in tutto il quartiere e amato da molti. Le persone condividevano storie di come il gatto aveva portato gioia nelle loro vite, aiutando alcuni a superare momenti difficili. Era chiaro che Michelangelo aveva lasciato il segno nei cuori di molte persone.

Mentre il professor Bianchi continuava la sua ricerca, scoprì una pista che lo portò a un gruppo di bambini che avevano visto Michelangelo seguire un uomo sospetto in un vicolo buio. Le informazioni dei bambini si rivelarono cruciali per risolvere il mistero della scomparsa del gatto.

Il professor Bianchi seguì le tracce fino a un vicolo stretto, dove scoprì Michelangelo intrappolato in una cassa da trasporto. Sembrava che qualcuno avesse intenzione di portare via il gatto. Con grande gioia, liberò Michelangelo dalla cassa e lo strinse con affetto tra le braccia.

Riportando Michelangelo a casa, il professor Bianchi rifletté su quanto fosse speciale il loro legame e quanto valore avesse nella comunità. Il mistero della scomparsa di Michelangelo si risolse, ma il vero tesoro era la bellezza dell'amicizia e del sostegno che il gatto aveva portato nella vita di tante persone.

The Mystery of the Disappearing Cat in Rome

Rome, the Eternal City, was known for its monuments, millennia-old history, and vibrant atmosphere. In the heart of this magnificent city lived Professor Carlo Bianchi, a kind man and a cat lover. His favorite day was Saturday when he strolled through the cobblestone streets of Rome, surrounded by the warmth of the sun and the bustling of the city. It was there that he met his favorite furry friend, a stray cat named Michelangelo.

Michelangelo was an affectionate cat with silvery gray fur and green eyes that seemed to hold the secrets of Rome itself. Professor Bianchi had developed a special relationship with the cat over the years, feeding him and chatting with him during his weekly walks. Michelangelo seemed to appreciate the professor's company and kindness.

One Saturday morning, Professor Bianchi noticed that Michelangelo was not at his usual spot. He was worried, fearing that his feline friend might be in danger. He began searching for Michelangelo throughout the neighborhood, asking passersby if they had seen the cat. No one had any news of his furry friend.

Professor Bianchi decided to start a personal investigation to find out what had happened to Michelangelo. He made his way through the neighborhood, questioning shopkeepers and residents, looking for clues that could lead him to the truth about his friend's disappearance. He was determined to bring Michelangelo back home safe and sound.

While gathering clues, Professor Bianchi discovered that Michelangelo was known throughout the neighborhood and loved by many. People shared stories of how the cat had brought joy into their lives, helping some get through tough times. It was clear that Michelangelo had left a mark on the hearts of many.

As Professor Bianchi continued his search, he uncovered a lead that took him to a group of children who had seen Michelangelo following a suspicious man into a dark alley. The children's information proved crucial in solving the mystery of the cat's disappearance.

Professor Bianchi followed the trail to a narrow alley where he found Michelangelo trapped in a pet carrier. It appeared that someone had intended to take the cat away. With great joy, he freed Michelangelo from the carrier and held him affectionately in his arms.

Bringing Michelangelo back home, Professor Bianchi reflected on how special their bond was and how much value it held in the community. The mystery of Michelangelo's disappearance was solved, but the real treasure was the beauty of friendship and support that the cat had brought into the lives of so many people.

I Segreti del Caffè di Verona

Verona, la città delle storie d'amore e del romanticismo, è famosa per il suo teatro all'aperto, l'Arena, e per l'eredità culturale che ha ispirato Shakespeare a scrivere "Romeo e Giulietta". In questa affascinante città viveva la signora Isabella Colombo, proprietaria di una piccola caffetteria nascosta in un vicolo acciottolato vicino alla Piazza delle Erbe.

La caffetteria della signora Colombo, "Caffè d'Amore", era una gemma segreta di Verona, famosa per il suo caffè aromatico e per le deliziose prelibatezze che accompagnavano le tazze fumanti. Ogni mattina, mentre preparava il suo caffè, la signora Colombo ammirava la vista delle case colorate e dei fiori che si arrampicavano lungo i balconi. Era un luogo dove l'amore e la bellezza erano celebrati quotidianamente.

Ma un giorno, mentre stava aprendo il suo caffè, la signora Colombo notò che qualcosa mancava. Il suo amato macchinario per il caffè, un antico pezzo di artigianato italiano, era scomparso. Era un oggetto con un grande valore affettivo, dato alla signora Colombo da suo padre molti anni prima.

La signora Colombo era devastata dalla scomparsa del suo macchinario e decise di avviare un'indagine personale per scoprire chi avesse commesso questo furto. Si mise a investigare, interrogando i suoi clienti abituali e cercando indizi tra le strade e le piazze di Verona.

Nel corso delle sue indagini, la signora Colombo incontrò un gruppo variegato di personaggi affezionati alla sua caffetteria. C'era il giovane scrittore Giorgio, che passava le sue giornate a scrivere romanzi e a trarre ispirazione dal profumo del caffè della signora Bianchi. Poi c'era la vivace Maria, un'anziana vedova che considerava il Caffè d'Amore come la sua seconda casa. E infine, c'era il turista americano John, un amante del caffè italiano che aveva fatto del Caffè d'Amore il suo rituale quotidiano.

Ognuno di loro aveva un motivo per aiutare la signora Colombo nella sua ricerca per riportare a casa il suo macchinario per il caffè. Avevano un legame speciale con il Caffè d'Amore e volevano che la caffetteria tornasse al suo antico splendore.

Mentre le indagini proseguivano, la signora Colombo scoprì che il suo macchinario per il caffè era stato rubato da un giovane scapestrato che aveva bisogno di denaro per sostenere la sua famiglia. Toccata dalla sua storia, la signora Colombo decise di perdonare il ladro e di aiutarlo a trovare un lavoro onesto.

Con il ritorno del macchinario per il caffè e la riapertura del Caffè d'Amore, la signora Colombo e i suoi affezionati clienti poterono finalmente celebrare l'amore, l'amicizia e il caffè aromatico che avevano condiviso nel corso degli anni. Verona aveva dimostrato ancora una volta che i segreti della città potevano essere svelati attraverso la gentilezza e la compassione, e che il Caffè d'Amore era il luogo dove le storie d'amore e di speranza si intrecciavano ogni giorno.

The Secrets of Verona's Coffee

Verona, the city of love stories and romance, is famous for its open-air theater, the Arena, and for the cultural heritage that inspired Shakespeare to write "Romeo and Juliet." In this charming city lived Mrs. Isabella Colombo, the owner of a small café hidden in a cobblestone alley near Piazza delle Erbe.

Mrs. Colombo's café, "Caffè d'Amore," was a hidden gem of Verona, renowned for its aromatic coffee and delightful treats that accompanied steaming cups. Every morning, as she brewed her coffee, Mrs. Colombo admired the view of colorful houses and flowers climbing along the balconies. It was a place where love and beauty were celebrated daily.

But one day, as she was opening her café, Mrs. Colombo noticed something missing. Her beloved coffee machine, an ancient piece of Italian craftsmanship, had disappeared. It was an item with great sentimental value, given to Mrs. Colombo by her father many years ago.

Mrs. Colombo was devastated by the loss of her coffee machine and decided to launch a personal investigation to uncover who had committed this theft. She set out to investigate, questioning her regular customers and searching for clues on the streets and squares of Verona.

During her investigations, Mrs. Colombo met a diverse group of characters who were devoted to her café. There was the young writer Giorgio, who spent his days writing novels and drawing inspiration from the scent of Mrs. Colombo's coffee. Then there was the lively Maria, an elderly widow who considered Caffè d'Amore her second home. And finally, there was the American tourist John, a lover of Italian coffee who had made Caffè d'Amore his daily ritual.

Each of them had a reason to help Mrs. Colombo in her quest to bring her coffee machine back home. They had a special connection with Caffè d'Amore and wanted the café to return to its former glory.

As the investigation continued, Mrs. Colombo discovered that her coffee machine had been stolen by a young scoundrel in need of money to support his family. Touched by his story, Mrs. Colombo decided to forgive the thief and help him find an honest job.

With the return of the coffee machine and the reopening of Caffè d'Amore, Mrs. Colombo and her loyal customers could finally celebrate love, friendship, and the aromatic coffee they had shared over the years. Verona had once again demonstrated that the city's secrets could be unveiled through kindness and compassion, and that Caffè d'Amore was the place where stories of love and hope intertwined every day.

La Ricetta Segreta di Nonna Maria

Nel pittoresco paesino di Campobello, ai piedi delle maestose montagne dell'Appennino, viveva una donna anziana di nome Nonna Maria. Era conosciuta in tutto il paese per le sue abilità culinarie straordinarie e la sua generosità nel condividere il cibo con chiunque bussasse alla sua porta.

Nonna Maria possedeva una ricetta segreta che aveva ereditato da sua madre, una ricetta per una zuppa di verdure che, secondo la leggenda, aveva il potere di guarire il cuore e l'anima di chiunque la assaporasse. La zuppa di Nonna Maria era una miscela di ingredienti locali, tra cui ortaggi freschi coltivati nel suo orto e spezie raccolte nei boschi circostanti.

Ogni domenica, Nonna Maria apriva le porte della sua modesta casa e offriva la sua zuppa ai viaggiatori stanchi, agli amici e ai vicini. La zuppa era servita in piccole ciotole di ceramica, accompagnata da pane croccante fatto in casa e sorrisi calorosi. Le persone venivano da lontano per assaporare la magica zuppa di Nonna Maria e sentire il calore della sua ospitalità.

Un giorno, mentre stava lavorando nell'orto, Nonna Maria si accorse che alcune delle sue erbe aromatiche preferite erano sparite. Era un colpo al cuore, poiché quelle erbe erano essenziali per la sua ricetta segreta. Sapeva che doveva fare qualcosa per proteggere il suo giardino da ulteriori furti.

Decise di avviare un'indagine personale per scoprire chi aveva rubato le sue erbe aromatiche. Iniziò a chiedere ai vicini e agli amici, sperando di ottenere qualche indizio sul colpevole. Mentre conduceva le sue indagini, conobbe una serie di personaggi affezionati al suo cibo e alla sua ospitalità.

C'era Matteo, un giovane artista che aveva trovato ispirazione nella zuppa di Nonna Maria per le sue opere d'arte, e Anna, una giovane madre che portava spesso i suoi figli a gustare la zuppa e a godere della compagnia di Nonna Maria. Poi c'era Carlo, un musicista ambulante che amava suonare la chitarra per gli ospiti della nonna.

Ognuno di loro aveva un motivo per aiutare Nonna Maria a proteggere il suo orto e a recuperare le erbe aromatiche rubate. Avevano un legame speciale con la zuppa e con la donna generosa che l'aveva condivisa con il mondo.

Mentre le indagini proseguivano, Nonna Maria scoprì che le erbe aromatiche erano state rubate da un giovane che desiderava usare i sapori unici della zuppa per aprire il proprio ristorante. Toccata dalla sua passione per la cucina, Nonna Maria decise di condividere la sua ricetta segreta con il giovane chef e di insegnargli l'arte di creare la zuppa magica.

Con il ritorno delle erbe aromatiche all'orto di Nonna Maria e la condivisione della sua ricetta segreta con il giovane chef, il paese di Campobello continuò a prosperare come un luogo di amore, cibo delizioso e amicizia. Nonna Maria aveva dimostrato che la magia della sua zuppa andava oltre gli ingredienti e le spezie, trasmettendo il potere dell'amore, della generosità e della condivisione a chiunque avesse avuto il privilegio di assaporarla. Il suo orto fioriva, il cuore del paese si riempiva di gioia, e la leggenda della zuppa di Nonna Maria continuava a crescere.

29

Nonna Maria's Secret Recipe

In the picturesque village of Campobello, at the foot of the majestic Apennine Mountains, lived an elderly woman named Nonna Maria. She was known throughout the town for her extraordinary culinary skills and her generosity in sharing food with anyone who knocked on her door.

Nonna Maria possessed a secret recipe that she had inherited from her mother, a recipe for a vegetable soup that, according to legend, had the power to heal the heart and soul of anyone who tasted it. Nonna Maria's soup was a blend of local ingredients, including fresh vegetables grown in her garden and spices collected from the surrounding forests.

Every Sunday, Nonna Maria would open the doors of her modest home and offer her soup to weary travelers, friends, and neighbors. The soup was served in small ceramic bowls, accompanied by homemade crusty bread and warm smiles. People came from afar to savor Nonna Maria's magical soup and feel the warmth of her hospitality.

One day, while working in her garden, Nonna Maria noticed that some of her favorite herbs had disappeared. It was a blow to her heart because those herbs were essential for her secret recipe. She knew she had to do something to protect her garden from further thefts.

She decided to launch a personal investigation to discover who had stolen her aromatic herbs. She began asking neighbors and friends, hoping to get some clues about the culprit. As she conducted her investigations, she met a series of characters devoted to her food and hospitality.

There was Matteo, a young artist who had found inspiration in Nonna Maria's soup for his artwork, and Anna, a young mother who often brought her children to savor the soup and enjoy Nonna Maria's company. Then there was Carlo, a wandering musician who loved to play the guitar for Nonna's guests.

Each of them had a reason to help Nonna Maria protect her garden and recover the stolen herbs. They had a special connection to the soup and the generous woman who shared it with the world.

As the investigations continued, Nonna Maria discovered that the herbs had been stolen by a young man who wanted to use the unique flavors of the soup to open his own restaurant. Touched by his passion for cooking, Nonna Maria decided to share her secret recipe with the young chef and teach him the art of creating the magical soup.

With the return of the aromatic herbs to Nonna Maria's garden and the sharing of her secret recipe with the young chef, the town of Campobello continued to thrive as a place of love, delicious food, and friendship. Nonna Maria had shown that the magic of her soup went beyond ingredients and spices, conveying the power of love, generosity, and sharing to anyone privileged to taste it. Her garden flourished, the heart of the town filled with joy, and the legend of Nonna Maria's soup continued to grow.

L'Arte del Gelato a Roma

A Roma, la città eterna, c'era un piccolo negozio di gelato chiamato "Dolci Delizie" che era famoso in tutta la città per i suoi gelati artigianali. Il negozio era gestito da un uomo affabile di nome Giovanni, un maestro nella creazione di gusti unici e sorprendenti.

La passione di Giovanni per il gelato era palpabile in ogni cucchiaio, e i suoi clienti lo adoravano non solo per i sapori straordinari che creava, ma anche per il suo sorriso caloroso e la sua gentilezza. Era un luogo in cui gli amici si ritrovavano per condividere una prelibatezza e gli sconosciuti diventavano amici, tutti uniti dalla passione per il gelato.

Giovanni aveva una speciale predilezione per i sapori stagionali e amava sperimentare con ingredienti freschi e locali. Una delle sue creazioni più celebrate era il gelato alla pesca, che preparava solo durante la stagione estiva, utilizzando pesche dolci e mature coltivate nelle campagne romane.

Ma un anno, durante la stagione delle pesche, una serie di tempeste aveva distrutto gran parte del raccolto, mettendo in pericolo la produzione del famoso gelato alla pesca di Giovanni. Era un duro colpo per il negozio, e i clienti iniziarono a preoccuparsi di non poter più gustare il loro gelato preferito.

Deciso a non deludere i suoi clienti e a preservare la tradizione del gelato alla pesca, Giovanni si mise in azione. Iniziò a cercare nuovi fornitori di pesche e a chiedere aiuto a vecchi amici nell'industria agricola. La sua determinazione e la sua passione ispirarono la comunità e i clienti di "Dolci Delizie" a unirsi a lui nella ricerca delle migliori pesche.

Nel corso delle ricerche, Giovanni conobbe una serie di personaggi affezionati al suo negozio. C'era Martina, una giovane cuoca che aveva scelto "Dolci Delizie" per il suo gelato preferito, e Roberto, un pittore che aveva immortalato il gelato di Giovanni in una delle sue opere d'arte. Poi c'era Emily, una turista americana che aveva scoperto il negozio durante una visita a Roma e ne era diventata una cliente affezionata.

Ognuno di loro aveva un motivo per aiutare Giovanni nella sua ricerca delle pesche perfette per il gelato alla pesca. Avevano un legame speciale con il gelato e con il negozio che aveva portato tanta gioia nelle loro vite.

Mentre le ricerche proseguivano, Giovanni e i suoi nuovi amici scoprirono un piccolo frutteto gestito da una famiglia locale. Le pesche erano dolci e mature, esattamente quello di cui avevano bisogno per ricreare il gelato. Con gratitudine, Giovanni e i suoi amici raccolsero le pesche e le portarono al negozio.

Il gelato alla pesca di Giovanni fece il suo ritorno trionfale, e i clienti di "Dolci Delizie" non potevano essere più felici. Era un piccolo trionfo dell'amicizia, della passione e della determinazione. Roma aveva dimostrato ancora una volta che, anche tra le strade trafficate e i monumenti storici, l'amore per il gelato artigianale poteva unire la comunità e ispirare gesti di generosità. Giovanni e il suo gelato alla pesca avevano lasciato un'impronta dolce nel cuore della città eterna.

The Art of Gelato in Rome

In Rome, the eternal city, there was a small gelato shop called "Sweet Delights" that was famous throughout the city for its artisanal ice cream. The shop was run by an amiable man named Giovanni, a master in creating unique and astonishing flavors.

Giovanni's passion for gelato was palpable in every spoonful, and his customers adored him not only for the extraordinary flavors he created but also for his warm smile and kindness. It was a place where friends gathered to share a delight, and strangers became friends, all united by their passion for gelato.

Giovanni had a special fondness for seasonal flavors and loved experimenting with fresh, local ingredients. One of his most celebrated creations was peach gelato, which he made only during the summer season, using sweet, ripe peaches grown in the Roman countryside.

But one year, during the peach season, a series of storms had devastated much of the harvest, putting the production of Giovanni's famous peach gelato at risk. It was a tough blow for the shop, and customers began to worry that they might not be able to taste their favorite gelato anymore.

Determined not to disappoint his customers and to preserve the tradition of peach gelato, Giovanni sprang into action. He began searching for new peach suppliers and reached out to old friends in the agricultural industry. His determination and passion inspired the community and the "Sweet Delights" customers to join him in the quest for the finest peaches.

During his searches, Giovanni met a series of characters devoted to his shop. There was Martina, a young cook who had chosen "Sweet Delights" for her favorite gelato, and Roberto, a painter who had immortalized Giovanni's gelato in one of his artworks. Then there was Emily, an American tourist who had discovered the shop during a visit to Rome and had become a loyal customer.

Each of them had a reason to help Giovanni in his search for the perfect peaches for the peach gelato. They had a special connection with the gelato and with the shop that had brought so much joy into their lives.

As the search continued, Giovanni and his new friends discovered a small orchard run by a local family. The peaches were sweet and ripe, exactly what they needed to recreate the gelato. With gratitude, Giovanni and his friends picked the peaches and brought them back to the shop.

Giovanni's peach gelato made its triumphant return, and "Sweet Delights" customers couldn't have been happier. It was a small triumph of friendship, passion, and determination. Rome had once again shown that, even amidst the bustling streets and historic monuments, love for artisanal gelato could unite the community and inspire acts of generosity. Giovanni and his peach gelato had left a sweet imprint on the heart of the eternal city.

Il Mistero della Biblioteca Segreta di Firenze

A Firenze, la città delle arti e della cultura, c'era un luogo segreto noto solo a pochi eletti: la "Biblioteca delle Stelle." Questa biblioteca era nascosta nel cuore della città, tra le antiche strade lastricate e i maestosi palazzi, ed era conosciuta per ospitare libri e manoscritti antichi che raccontavano storie magiche e misteriose.

Il custode della Biblioteca delle Stelle era un anziano bibliotecario di nome Francesco, un uomo di profonda saggezza e un amore immenso per i libri. La biblioteca era stata affidata alla sua famiglia per generazioni, e il suo compito era proteggere i segreti nascosti tra le pagine dei libri.

Una notte d'inverno, una giovane studiosa di nome Sofia, appassionata di storia e mitologia, giunse a Firenze per una conferenza. Durante la sua visita alla città, sentì parlare della leggendaria "Biblioteca delle Stelle" e decise di scoprire se esistesse davvero.

Sofia iniziò a indagare, seguendo indizi e conversazioni con la gente del luogo. Poco alla volta, riuscì a scoprire la posizione segreta della biblioteca. Batteva tre volte a una porta d'ingresso in un vicolo nascosto, e fu accolta da Francesco.

Il custode era inizialmente riluttante a lasciare Sofia entrare nella biblioteca segreta, ma quando vide la passione e la sete di conoscenza negli occhi della giovane studiosa, decise di condividere i segreti custoditi nella sua biblioteca.

All'interno della Biblioteca delle Stelle, Sofia trovò una collezione straordinaria di antichi libri e manoscritti, alcuni dei quali risalivano a epoche lontane. C'erano testi sulla magia dell'antica Roma, sulle profezie degli etruschi e sulle storie segrete degli alchimisti medievali.

Francesco iniziò a raccontarle le leggende e i misteri legati a questi testi. Sofia ascoltava affascinata, sospirando per l'opportunità di accedere a tanto sapere nascosto.

Una notte, mentre leggeva un antico manoscritto sulla creazione del mondo secondo la mitologia etrusca, Sofia scoprì un indizio che sembrava indicare la presenza di un altro manoscritto, un testo perduto da secoli.

Decise di seguire l'indizio e iniziò una ricerca che la portò attraverso antichi labirinti di Firenze, seguendo mappe criptiche e simboli enigmatici. Nel suo cammino, incontrò persone affascinate dalla sua missione e decise di condividere il suo obiettivo.

Ogni nuovo passo la avvicinava sempre di più al misterioso manoscritto perduto. Alla fine, Sofia lo trovò, custodito in un luogo nascosto sotto la città, e il suo cuore si riempì di gioia e meraviglia.

Con il manoscritto in mano, Sofia tornò alla Biblioteca delle Stelle, dove Francesco la accolse con un sorriso orgoglioso. Il manoscritto perduto si unì agli altri tesori della biblioteca segreta, pronti a raccontare le loro storie a chiunque avesse avuto il desiderio di scoprirle.

La "Biblioteca delle Stelle" di Firenze aveva un nuovo capitolo nella sua storia, un capitolo scritto da una giovane studiosa affascinata dalla passione per la conoscenza e pronta a condividere i segreti custoditi tra le sue antiche pareti. E così, la biblioteca continuò a essere un luogo magico di scoperta e meraviglia per le generazioni future.

The Mystery of Florence's Secret Library

In Florence, the city of arts and culture, there was a secret place known only to a few chosen ones: the "Library of Stars." This library was hidden in the heart of the city, among ancient cobblestone streets and majestic palaces, and was known for housing ancient books and manuscripts that told magical and mysterious stories.

The guardian of the Library of Stars was an elderly librarian named Francesco, a man of deep wisdom and an immense love for books. The library had been entrusted to his family for generations, and his task was to protect the secrets hidden within the pages of the books.

One winter night, a young scholar named Sofia, passionate about history and mythology, arrived in Florence for a conference. During her visit to the city, she heard about the legendary "Library of Stars" and decided to find out if it really existed.

Sofia began to investigate, following clues and conversations with the locals. Little by little, she managed to discover the secret location of the library. She knocked three times on an entrance door in a hidden alley, and was welcomed by Francesco.

The guardian was initially reluctant to let Sofia enter the secret library, but when he saw the passion and thirst for knowledge in the young scholar's eyes, he decided to share the secrets kept in his library.

Inside the Library of Stars, Sofia found an extraordinary collection of ancient books and manuscripts, some of which dated back to distant eras. There were texts about the magic of ancient Rome, prophecies of the Etruscans, and the secret stories of medieval alchemists.

Francesco began to tell her the legends and mysteries related to these texts. Sofia listened with fascination, longing for the opportunity to access so much hidden knowledge.

One night, while reading an ancient manuscript about the creation of the world according to Etruscan mythology, Sofia discovered a clue that seemed to indicate the presence of another manuscript, a text lost for centuries.

She decided to follow the clue and began a search that took her through ancient labyrinths of Florence, following cryptic maps and enigmatic symbols. Along her journey, she met people fascinated by her mission and decided to share her goal.

Each new step brought her closer to the mysterious lost manuscript. In the end, Sofia found it, hidden in a place beneath the city, and her heart filled with joy and wonder.

With the manuscript in hand, Sofia returned to the Library of Stars, where Francesco welcomed her with a proud smile. The lost manuscript joined the other treasures of the secret library, ready to tell their stories to anyone who had the desire to discover them.

The "Library of Stars" in Florence had a new chapter in its history, a chapter written by a young scholar captivated by a passion for knowledge and ready to share the secrets kept within its ancient walls. And so, the library continued to be a magical place of discovery and wonder for future generations.

La Locanda dei Cuori Sperduti

Nel cuore della campagna toscana, tra colline ondulate e campi dorati, c'era un'antica locanda nota come "La Locanda dei Cuori Sperduti." Era un luogo speciale, dove le persone in cerca di rifugio e conforto trovavano riparo.

Il proprietario della locanda era un uomo gentile di nome Antonio, che aveva un dono speciale: sapeva ascoltare le storie delle persone e offrire il comfort di un abbraccio caloroso. Antonio aveva creato un'atmosfera in cui le persone si sentivano accettate e amate, indipendentemente dalle loro esperienze o sofferenze.

Ogni sera, nella sala comune della locanda, si teneva un rituale speciale. Le persone con i cuori pesanti si riunivano per condividere le proprie storie, i loro dolori e le loro speranze. Antonio ascoltava con empatia e poi preparava una cena con amore, servendo piatti della tradizione toscana che portavano conforto e calore ai suoi ospiti.

Una notte, un giovane scrittore di nome Luca arrivò alla locanda. Era afflitto da una profonda tristezza e l'ispirazione per le sue parole sembrava essersi dissolta. Antonio lo accolse con gentilezza e lo invitò a partecipare al rituale serale.

Luca iniziò a raccontare la sua storia, i suoi dubbi e le sue paure. Gli altri ospiti lo ascoltarono attentamente, e Antonio lo abbracciò quando le parole sembrarono abbandonarlo. Poi, insieme, si sedettero a tavola e condivisero una cena che sollevò i cuori pesanti.

Nelle notti seguenti, Luca continuò a raccontare la sua storia, ricevendo supporto dagli altri ospiti e dall'empatia di Antonio. Lentamente, le sue parole iniziarono a fluire di nuovo, e la sua ispirazione tornò. Cominciò a scrivere una storia che raccontava l'amore e la gentilezza che aveva trovato alla Locanda dei Cuori Sperduti.

Con il tempo, la locanda divenne un rifugio per molte persone in cerca di guarigione, ispirazione e amicizia. Ogni sera, le storie riempivano la sala comune, e i cuori spezzati trovavano conforto e speranza tra le pareti accoglienti della locanda.

Antonio continuò a dirigere la locanda con amore e dedizione, offrendo non solo cibo per il corpo, ma anche cibo per l'anima. La Locanda dei Cuori Sperduti divenne un luogo magico in cui le storie si intrecciavano e i cuori si guarivano, dimostrando che, anche nelle situazioni più difficili, c'era sempre spazio per l'amore, la gentilezza e la guarigione.

The Inn of Lost Hearts

In the heart of the Tuscan countryside, amidst rolling hills and golden fields, there was an ancient inn known as "The Inn of Lost Hearts." It was a special place, where people in search of refuge and comfort found solace.

The inn's owner was a kind man named Antonio, who possessed a special gift: he knew how to listen to people's stories and offer the comfort of a warm embrace. Antonio had created an atmosphere in which people felt accepted and loved, regardless of their experiences or sorrows.

Every evening, in the common room of the inn, a special ritual took place. People with heavy hearts gathered to share their stories, their pains, and their hopes. Antonio listened with empathy and then prepared a loving dinner, serving traditional Tuscan dishes that brought comfort and warmth to his guests.

One night, a young writer named Luca arrived at the inn. He was burdened by a profound sadness, and the inspiration for his words seemed to have vanished. Antonio welcomed him with kindness and invited him to join the evening ritual.

Luca began to tell his story, his doubts, and his fears. The other guests listened attentively, and Antonio embraced him when words seemed to abandon him. Then, together, they sat down at the table and shared a meal that lifted their heavy hearts.

In the following nights, Luca continued to tell his story, receiving support from the other guests and the empathy of Antonio. Slowly, his words began to flow again, and his inspiration returned. He started to write a story that portrayed the love and kindness he had found at The Inn of Lost Hearts.

Over time, the inn became a sanctuary for many people in search of healing, inspiration, and friendship. Every evening, stories filled the common room, and broken hearts found solace and hope within the welcoming walls of the inn.

Antonio continued to run the inn with love and dedication, offering not only nourishment for the body but also nourishment for the soul. The Inn of Lost Hearts became a magical place where stories intertwined, and hearts healed, proving that even in the most challenging circumstances, there was always room for love, kindness, and healing.

Il Giardino Segreto

In un piccolo villaggio toscano, nascosto tra colline verdi e campi d'ulivi, c'era un antico giardino segreto noto come "Il Giardino dell'Armonia." Questo giardino era un luogo di incanto, dove le persone potevano trovare pace e serenità.

La custode del giardino era una gentile anziana di nome Isabella. Isabella aveva dedicato la sua vita a curare questo angolo di paradiso, con fiori dai colori vivaci e alberi secolari. Ogni mattina, apriva i cancelli del giardino e accoglieva i visitatori con un sorriso caloroso.

Il giardino era un luogo speciale, poiché si diceva che avesse il potere di guarire il cuore delle persone. Coloro che vi entravano potevano dimenticare le loro preoccupazioni e ritrovare l'armonia interiore.

Un giorno, una giovane donna di nome Elena arrivò al villaggio in cerca di pace. Aveva attraversato momenti difficili nella sua vita e sperava che "Il Giardino dell'Armonia" potesse offrirle la tranquillità di cui aveva bisogno.

Isabella la accolse con gentilezza e le spiegò il potere del giardino. Elena si immerse tra i fiori e gli alberi, sentendo il peso delle sue preoccupazioni svanire. Mentre passeggiava tra i sentieri, incontrò un giovane artista di nome Marco, che stava dipingendo la bellezza del giardino su una tela.

Marco e Elena iniziarono a parlare e condivisero le loro storie e le loro speranze. Marco le disse che il giardino aveva ispirato la sua arte e le mostrò il quadro in cui aveva catturato la sua bellezza.

Con il tempo, Marco e Elena si innamorarono, e il loro amore cresceva ogni giorno mentre esploravano il giardino insieme. Era come se il giardino avesse unito le loro anime, portando loro un senso di pace e gioia.

Un giorno, mentre passeggiavano mano nella mano tra i fiori, Marco fece una proposta a Elena. Le chiese di sposarlo, e lei accettò con gioia, sapendo che il loro amore sarebbe stato eterno come il giardino che li aveva uniti.

Isabella, la custode del giardino, sorrise mentre li guardava, sapendo che il potere dell'amore e dell'armonia del giardino aveva fatto nuovamente la sua magia.

Il "Giardino dell'Armonia" era diventato non solo un luogo di pace, ma anche un luogo in cui le storie d'amore potevano sbocciare. I visitatori continuarono a venire da ogni parte del mondo, sperando di trovare la stessa magia che aveva unito Marco ed Elena.

The Secret Garden

In a small Tuscan village, hidden amidst green hills and olive fields, there was an ancient secret garden known as "The Garden of Harmony." This garden was a place of enchantment, where people could find peace and serenity.

The guardian of the garden was a kind elderly woman named Isabella. Isabella had dedicated her life to tending to this corner of paradise, with flowers of vivid colors and centuries-old trees. Every morning, she opened the garden gates and welcomed visitors with a warm smile.

The garden was a special place because it was said to have the power to heal people's hearts. Those who entered could forget their worries and rediscover inner harmony.

One day, a young woman named Elena arrived in the village in search of peace. She had gone through difficult times in her life and hoped that "The Garden of Harmony" could offer her the tranquility she needed.

Isabella welcomed her kindly and explained the power of the garden. Elena immersed herself among the flowers and trees, feeling the weight of her worries fade away. As she strolled through the paths, she met a young artist named Marco, who was painting the garden's beauty onto a canvas.

Marco and Elena began to talk and shared their stories and hopes. Marco told her that the garden had inspired his art and showed her the painting in which he had captured its beauty.

Over time, Marco and Elena fell in love, and their love grew every day as they explored the garden together. It was as if the garden had united their souls, bringing them a sense of peace and joy.

One day, as they walked hand in hand among the flowers, Marco proposed to Elena. He asked her to marry him, and she joyfully accepted, knowing that their love would be as eternal as the garden that had brought them together.

Isabella, the guardian of the garden, smiled as she watched them, knowing that the power of love and the harmony of the garden had worked their magic once again.

"The Garden of Harmony" had become not only a place of peace but also a place where love stories could bloom. Visitors continued to come from all over the world, hoping to find the same magic that had united Marco and Elena.